Leçons primaires

DE

GÉOMÉTRIE

APPLIQUÉE A L'ÉTUDE DU DESSIN LINÉAIRE,

PAR

B. LUNEL, PROFESSEUR,

Ancien Élève-Maître du Cours Normal de M. SARAZIN, Membre de l'Athénée des Sciences, Belles-Lettres et Arts de Paris, de la Société grammaticale et littéraire, etc., etc.,

AUTEUR DU

MANUEL COMPLET ET MÉTHODIQUE D'ENSEIGNEMENT PRIMAIRE.

Nouvelle édition, revue et corrigée.

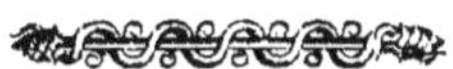

PARIS,

HÉDOUIN, Éditeur,
16, rue des Francs-Bourgeois (au Marais);
MAUGARS, Librairie classique,
32, rue Sainte-Croix-de-la-Bretonnerie.

1847.

LEÇONS PRIMAIRES

DE GÉOMÉTRIE

APPLIQUÉE A L'ÉTUDE DU DESSIN LINÉAIRE.

Paris. — Imp. de E.-B. DELANCHY, faub. Montmartre, 11.

Leçons primaires

DE

GÉOMÉTRIE

APPLIQUÉE A L'ÉTUDE DU DESSIN LINÉAIRE,

PAR

B. LUNEL, PROFESSEUR,

Ancien Élève-Maître du Cours Normal de M. SARAZIN, Membre de l'Athénée des Sciences,
Belles-Lettres et Arts de Paris, de la Société grammaticale et littéraire, etc., etc.,

AUTEUR DU

MANUEL COMPLET ET MÉTHODIQUE D'ENSEIGNEMENT PRIMAIRE.

Nouvelle Édition, revue et corrigée.

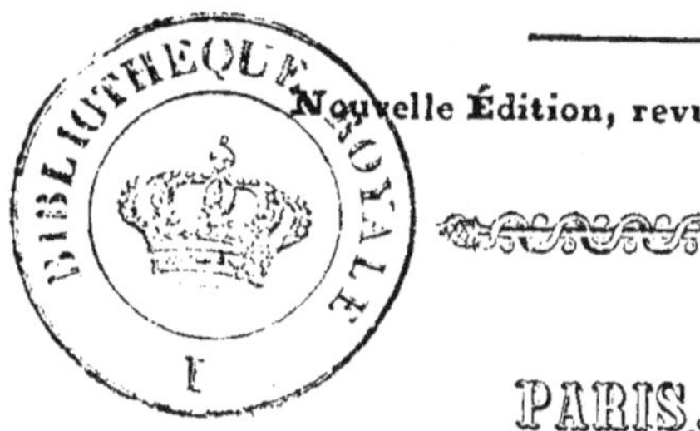

PARIS,

HÉDOUIN, Éditeur,
16, rue des Francs-Bourgeois (au Marais);
MAUGARS, Librairie classique,
32, rue Sainte-Croix-de-la-Bretonnerie.

1847.

PRÉFACE.

Ces Leçons primaires de Géométrie appliquée
à l'étude du Dessin linéaire se distinguent des
ouvrages analogues, en ce qu'elles ont été ré-
digées au point de vue de la pratique et des applications de la science.

Bien que l'étude du Dessin linéaire soit loin
d'avoir pris tout le développement qu'on peut
désirer, ses progrès depuis quelques années
sont trop sensibles, pour ne pas bien augurer de
son avenir. Convenons cependant que les traités
de géométrie appliquée à l'étude de cet art semblent avoir pour but de diriger les élèves vers

1*

la théorie ou la science pure, plutôt que de les initier aux connaissances pratiques.

Livré depuis plusieurs années à l'enseignement, nous avons été à même de nous assurer des difficultés qui arrêtent les élèves, et nous avons reconnu que la plus grande partie de ces difficultés tiennent aux éléments. Nous avons donc cherché à réunir dans ce peu de pages tout ce qui peut leur être utile, et nous avons tâché surtout de fortifier leur esprit en donnant la solution raisonnée de plusieurs problèmes qui peuvent trouver leur application dans la vie actuelle.

Mais pourquoi dissimulerions-nous aux Instituteurs que ce livre est le résumé des excellentes leçons du cours normal de M. Sarazin? Quel est le maître qui, en voyant la marche que nous avons suivie, ne se rappellera pas avec plaisir cet enseignement amical, intime, paternel, du professeur que le Gouvernement vient de récompenser d'une manière si digne de lui? Au nom de Sarazin, on se reporte avec joie au temps où l'on fut son élève ; on se croit encore sur les bancs du Cours Normal ; enfin, on se rappelle les lectures pleines d'onction, faites dans l'excellent livre du baron De Gérando, lectures que le professeur augmentait des précieux conseils de sa voix amie, dont le but a toujours été de développer et de féconder dans les Maîtres cette droiture de cœur qui est la première garantie que la Société réclame des hommes auxquels elle confie ses plus chères espérances.

Nous pensons donc avoir été utile à l'enseignement en publiant ces Leçons élémentaires de Géométrie pratique. Aujourd'hui surtout que les sciences et les arts sont remarquables, non-seulement par l'étendue de leurs découvertes, mais principalement par une tendance bien prononcée vers les applications utiles et usuelles, l'homme d'étude ne cherche plus la folle gloire d'ajouter quelques théories brillantes à tant de théories nées pompeusement et presque toujours restées inertes ou reconnues inapplicables; sa mission devient de jour en jour plus impérieuse et mieux déterminée, car le public ne la tient pour accomplie qu'autant que ses travaux se placent dans les conditions d'une pratique constante et facile.

M. Sarazin, en voulant bien revoir cette nouvelle édition, nous a donné une preuve de sa bienveillante sollicitude et de son dévouement pour l'Instruction primaire.

Puisse cet ouvrage être utile aux élèves à qui nous consacrons toutes nos veilles!

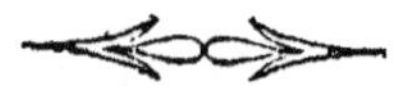

LEÇONS PRIMAIRES

DE GÉOMÉTRIE

APPLIQUÉE A L'ÉTUDE DU DESSIN LINÉAIRE.

1. La *Géométrie* est la science qui a pour objet la *mesure de l'étendue*.

2. Le mot *géométrie* vient de deux mots grecs qui signifient *mesure de la terre*.

3. L'Égypte fut le berceau de la Géométrie, comme de presque toutes les autres sciences. Selon Hérodote et Strabon, en inventant l'art de mesurer et de diviser les terres, confondues par les inondations périodiques du Nil, les Égyptiens créèrent la *Géométrie*.

Thalès, le premier des sept Sages de la Grèce, à son retour d'Égypte, porta cette science dans sa patrie. Il ajouta à ce qu'il avait appris, découvrit plusieurs propriétés du cercle et des triangles sphériques, et apprit à mesurer les monuments par l'ombre qu'ils projettent à midi. Après lui, vint Pythagore (environ six cents ans avant Jésus-Christ), qui découvrit la fameuse proposition du *carré de l'hypoténuse*. De joie, il éleva cent autels de terre ou de gazon, et sacrifia aux Dieux cent victimes (1). Ce fut lui qui ouvrit, le premier, une école de Géométrie. Enfin parut Euclide, l'auteur des plus anciens éléments de géométrie qui soient parvenus jusqu'à nous, et qui ont été long-temps les seules sources où les modernes aient puisé les connaissances mathématiques. C'est après avoir professé la Géométrie sous Ptolomée Philadelphie, et fondé une école qui subsista dans sa patrie jusqu'à la prise d'Alexandrie par les Sarrasins, qu'il publia ses éléments de mathématiques en treize livres; les six premiers, le onzième, le douzième, le treizième, traitent de la

---

(1) Cent bœufs.

Géométrie ; les quatre autres traitent des proportions en général, des nombres commensurables et incommensurables. Apollonius de Perge, élève des successeurs d'Euclide, laissa plusieurs ouvrages, entre autres celui des *Sections coniques*, qui ont été l'objet des commentaires des savants.

Parmi les mathématiciens de l'antiquité on ne peut oublier Archimède, parent des rois de Syracuse. Il s'adonna à l'étude des sciences, préférant une vie modeste et studieuse aux grandeurs et à la fortune. Il inventa les *moufles*, la *vis sans fin*, la *vis creuse*, dans laquelle l'eau monte de son propre poids. Il résolut le problème fameux *qu'un corps plongé dans un liquide perd de son poids une quantité égale au poids du liquide qu'il déplace.* Il retarda long-temps la prise de Syracuse, assiégée par les Romains ; au moyen de miroirs ardents il brûlait leur flotte, ou coulait bas leurs vaisseaux avec des machines qu'il faisait jouer de dessus les remparts. Enfin, lorsque la ville fut prise, il était tellement occupé de la solution d'un problème, qu'il n'apprit cet évènement qu'en recevant la mort.

Dans les temps modernes, on se contenta de traduire les livres des anciens sur la Géométrie, et cette science fit peu de progrès jusqu'à Descartes. Non-seulement ce grand homme appliqua l'algèbre à la Géométrie, mais c'est à lui que l'on doit les premiers essais de l'application de la Géométrie à la Physique, qui, depuis, a été poussée si loin. Après Fermat, Barrow et Leibnitz, parut l'immortel Newton, un des plus grands génies des temps anciens et modernes. Ses découvertes ont avancé les sciences physiques au point où elles le sont de nos jours, et les simples aperçus de cet homme célèbre sont justifiés chaque jour par les expériences les plus rigoureuses, que le défaut d'instruments convenables ne lui a pas permis de faire lui-même.

Si la Géométrie nouvelle doit beaucoup aux Anglais et aux Allemands, nous pouvons dire au moins que c'est à deux hommes de notre nation que l'on est redevable des deux grandes idées qui ont conduit à la trouver, Descartes et Fermat. Que l'on ajoute à ces noms célèbres ceux des Pascal, des Arnaud, des Ozanam, des Malezieux, des Roberval, des Lami, des l'Hospital, etc., et des grands géomètres contemporains, on se persuadera que sur ce point, comme sur tant d'autres, notre Nation peut prétendre à quelque gloire.

4. On appelle *étendue* ce qui réunit les trois dimensions nommées *longueur, largeur* et *épaisseur.*

L'étendue en longueur seulement se nomme *ligne.*

5. L'étendue en longueur et en largeur, sans épaisseur, s'appelle *surface.*

6. L'étendue en longueur, largeur et épaisseur, se nomme *corps* ou *solide.*

7. On compte deux sortes de corps : les corps *solides* et les corps *non solides.*

8. Les corps *solides* sont ceux qui conservent par eux-mêmes leurs formes, et dont on ne peut déplacer une partie sans entraîner le déplacement de toutes les autres. Ex. : du bois, du fer, une pierre, etc.

9. Les corps *non solides* sont ceux qui ne conservent pas leurs formes par eux-mêmes, et dont le déplacement d'une partie ne peut entraîner le déplacement de toutes les autres. Ex. : l'eau, l'air, etc.

DES SURFACES.

10. Une *surface*, en général, est une étendue illimitée.

11. On distingue trois sortes de surfaces : les surfaces *planes, courbes* et *brisées.*

12. Une surface *plane*, ou *plan*, est celle sur laquelle on peut appliquer une ligne droite (une règle, par exem-

ple) dans tous les sens. Ex. : celle que présente le dessus d'une table, etc.

13. Une surface *courbe* est celle sur laquelle on ne peut appliquer une ligne droite dans tous les sens. Ex. : celle d'une *boule*.

14. Enfin, une surface est dite *brisée* lorsqu'elle est composée de surfaces planes qui ne suivent pas la même direction.

DES LIGNES.

15. On a vu (4) qu'une ligne est une étendue en longueur seulement.

16. On distingue plusieurs sortes de lignes : la *ligne droite*, la *ligne courbe*, la *ligne brisée*, et la *ligne mixte*.

17. La ligne *droite* est le plus court chemin d'un point à un autre. Voy. fig. 1.

18. On désigne une ligne droite par deux lettres, A, B, placées aux extrémités de cette ligne, pour marquer que deux points déterminent complètement la position d'une droite.

19. La ligne *courbe* est celle qui n'est ni droite, ni composée de lignes droites. Fig. 2.

20. Elle se désigne par trois lettres, A, B, C.

21. La ligne *brisée* est celle qui est composée de

lignes droites qui ne suivent pas la même direction.
Fig. 3, A, B, C, D, E.

22. La ligne mixte est celle qui est composée de lignes droites et de courbes. Fig. 4.

23. On distingue encore les lignes, suivant leur situation, en *verticale*, en *horizontale*, en *perpendiculaire* et en *parallèles*.

24. La *ligne verticale* est celle qui est dans la direction d'un fil à plomb librement tendu. Fig. 5.

25. Le *fil à plomb* est un fil au bout duquel est attaché pour l'ordinaire un petit poids de plomb (1).

26. La ligne *horizontale* est celle qui suit le niveau de l'eau tranquille, c'est-à-dire qui est tracée dans le sens de l'horizon. (Limites de la vue à l'endroit où le ciel et la terre semblent se toucher). Fig. 6.

DES ANGLES.

27. Un *angle* est l'ouverture plus ou moins grande de deux lignes qui se rencontrent en un point. Fig. 10, A B, A C.

28. On appelle *sommet* le point de rencontre A des deux lignes.

29. On appelle *côtés* les lignes A B, A C, qui forment l'angle.

---

(1) La direction du fil à plomb est toujours perpendiculaire à l'horizon, parce que c'est la direction même de la pesanteur qui est perpendiculaire à la surface du globe terrestre.

2

30. On doit se rappeler que la grandeur d'un angle ne dépend pas de la longueur des côtés, mais bien de leur *écartement*.

31. On distingue trois sortes d'*angles* : l'angle *droit*, l'angle *aigu* et l'angle *obtus*.

32. L'angle *droit* est celui qui est formé par deux lignes perpendiculaires l'une à l'autre ; tels sont les angles B A C, fig. 11, et B A D.

33. L'angle *aigu* est plus petit que l'angle droit A B C, fig. 12, et l'angle *obtus* est plus grand A B D, fig. 12.

34. On appelle angles *opposés* deux angles dont chacun est compris entre les prolongements des côtés de l'autre. Fig. 13, A O C et B O D, A O D et B O C.

35. On appelle *angles adjacents* deux angles qui ont un côté commun, tels que : A O C et C O B, C O B et B O D, B O D et D O A, D O A et A O C, fig. 13, pris ainsi deux à deux.

36. La *bissectrice* d'un angle est la droite qui partage cet angle en deux angles égaux. Fig. 14, A D.

PERPENDICULAIRE, PARALLÈLES, OBLIQUE.

37. On appelle ligne *perpendiculaire* la ligne qui tombant sur une autre forme, avec cette autre deux angles adjacents égaux. Fig. 7.

On dit encore qu'une ligne est perpendiculaire à une

autre, quand elle ne penche ni à droite ni à gauche de cette autre.

38. On appelle *parallèles* des lignes qui sont partout à égale distance l'une de l'autre. Fig. 8. Les lignes parallèles, prolongées à l'infini, ne se rencontreraient donc jamais.

39. On appelle ligne *oblique* la ligne qui tombant sur une autre forme avec cette autre deux angles inégaux. Fig. 9.

On dit encore qu'une ligne est oblique à une autre, quand elle penche à droite ou à gauche de cette autre.

DES FIGURES PLANES.

On appelle figure plane toute surface plane terminée par des lignes.

40. On appelle *polygones* les figures planes terminées par des lignes.

41. Le mot *polygone* vient de deux mots grecs qui signifient *plusieurs angles.*

42. On appelle *côtés* du polygone les lignes qui le terminent. Fig. 15, A B C D.

43. *Sommets,* leurs points d'intersection.

44. *Angles* du polygone, les angles que forment ces lignes.

45. On appelle *diagonale* la ligne qui joint les sommets de deux angles non consécutifs. Fig. 15, F.

46. Le contour d'un polygone se nomme *périmètre*. L'ensemble des lignes A B C D, fig. 15, forme le périmètre de ce polygone.

47. On appelle *polygone rectiligne*, celui qui est terminé par des lignes droites.

48. *Curviligne*, celui qui est terminé par des lignes courbes.

49. *Mixtiligne*, celui dont les lignes sont droites et courbes.

50. Le plus simple de tous les polygones est le *triangle*. Fig. 16.

51. On voit que le triangle est un espace renfermé entre trois lignes.

52. Un polygone ne peut donc avoir moins de *trois côtés*; mais il en peut avoir un nombre *indéfini*.

53. Un quadrilatère est un polygone de 4 côtés. Fig. 15.

54. Le polygone de 5 côtés se nomme *pentagone* (prononcez *pin-ta-gone*). Fig. 17.

55. Celui de 6 côtés, *hexagone*. Fig. 18.

56. Celui de 7 côtés, *heptagone*.

57. Celui de 8 côtés, *octogone*.

58. Celui de 9 côtés, *ennéagone*.

59. Celui de 10 côtés, *décagone*.

60. Celui de 11 côtés, *ondécagone*.

61. Celui de 12 côtés, *dodécagone*.

62. Les polygones qui ont plus de 12 côtés se dési-

gnent ordinairement en énonçant le nombre de leurs côtés : *polygone de 24, de 40 côtés*, etc.

63. Un polygone est dit *équilatéral*, lorsqu'il a tous ses côtés égaux. Fig. 18.

64. *Équiangle*, lorsque tous ses angles sont égaux entre eux. Fig. 15.

65. *Régulier*, lorsqu'il est en même temps équilatéral et équiangle.

66. *Irrégulier*, lorsque cette double qualité n'existe pas. Fig. 17.

On appelle *apothème* la perpendiculaire menée du centre d'un polygone régulier sur l'un des côtés. Fig. 18, A.

DES DIFFÉRENTES ESPÈCES DE TRIANGLES.

67. La condition fondamentale de tout *triangle, c'est que le plus grand des trois côtés est moindre que la somme des deux autres.*

68. On peut considérer un triangle de deux manières : 1º sous le rapport de la *valeur des angles ;* 2º sous le rapport de la *grandeur relative des côtés.*

Sous le rapport de la *valeur des angles,* le triangle est *rectangle, acutangle* ou *obtusangle.*

69. Le triangle *rectangle* est celui qui a un angle droit. Fig. 19.

70. Le triangle *acutangle* est celui dont tous les angles sont aigus. Fig. 20.

71. Le triangle *obtusangle* est celui qui a un angle obtus. Fig. 21.

72. Un triangle ne peut avoir qu'un seul angle *droit*.

73. Il ne peut avoir qu'un seul angle *obtus*.

74. Mais il peut avoir ses trois angles *aigus*.

75. On appelle *hypoténuse* le plus grand côté d'un triangle rectangle, celui qui est opposé à l'angle droit. Fig. 19, A B.

76. Sous le rapport de la grandeur relative des côtés, on distingue le triangle *équilatéral*, l'*isocèle* et le *scalène*.

77. Le triangle *équilatéral* est celui dont les trois côtés sont égaux. Fig. 22.

Le mot *équilatéral* vient de deux mots latins qui signifient *côtés égaux*.

78. Le triangle *isocèle* est celui dont deux côtés seulement sont égaux. Fig. 23.

79. Le mot *isocèle* vient de deux mots grecs qui signifient *jambes égales*.

80. Le triangle *scalène* est celui dont les trois côtés sont inégaux. Fig. 24.

81. Le mot *scalène* vient aussi du grec, et signifie *boiteux*.

82. La *base* d'un triangle est le côté sur lequel la figure *paraît* posée. Fig. 24, A.

Le *sommet* d'un triangle est le sommet de l'angle opposé à la base.

83. La *hauteur* d'un triangle quelconque est la *per-*

pendiculaire abaissée du sommet à la base. Fig. 20, A.

84. D'après le n° 83, la hauteur d'un triangle ne tombe pas toujours sur la base, mais bien sur son prolongement.

DES QUADRILATÈRES.

On a vu (53) ce qu'on appelle quadrilatère.

85. Il y a cinq espèces de quadrilatères : le *parallélogramme*, le *rectangle*, le *carré*, le *losange* et le *trapèze*.

86. Le *parallélogramme* est un quadrilatère dont les côtés opposés sont parallèles. Fig. 27, A B C D.

87. Le *rectangle* est un parallélogramme dont les angles sont droits. Fig. 26, A B C D.

88. Le *carré* est un parallélogramme dont les côtés sont égaux et les angles droits. Fig. 25, A B C D.

89. Le *losange* est un parallélogramme dont les côtés égaux forment deux angles aigus et deux obtus. Fig. 28, A B C D.

90. On appelle *trapèze* un quadrilatère dont deux côtés seulement sont parallèles. Fig. 29, A B C D.

91. Le trapèze est dit *symétrique* lorsque les deux côtés non parallèles sont égaux. Fig. 30, A B C D.

Le trapèze *rectangle* est celui qui a deux angles droits.

92. Dans tous ces quadrilatères on distingue la base inférieure, la base supérieure et la hauteur.

93. La *base inférieure* est le côté sur lequel la figure paraît posée. Fig. 26, F.

94. La *base supérieure* est la ligne qui est parallèle à la base inférieure. Fig. 26, G.

95. La *hauteur* est la perpendiculaire aux deux bases. Fig. 25, P, fig. 26, P, fig. 27, P, fig. 28, P, fig. 29, P. fig. 30, P.

DU CERCLE.

96. Le *cercle* est une surface plane entourée d'une ligne courbe dont tous les points sont à égale distance d'un point intérieur nommé *centre*. Fig. 31.

97. On appelle *circonférence* la ligne courbe dont tous les points sont à égale distance du centre. C'est le *périmètre* du cercle.

98. On appelle *rayon* toute ligne droite menée du centre à la circonférence. Fig. 31, A B.

99. *Diamètre*, toute ligne droite qui, passant par le centre, se termine de part et d'autre à la circonférence. Fig. 31, C D.

Le diamètre partage donc le cercle en deux parties égales.

100. *Arc*, portion quelconque de la circonférence. Fig. 31, E F G.

101. Si l'on se contentait de marquer un arc par deux lettres E G, on ne saurait pas s'il s'agit de la portion E G H, de la circonférence, ou de la portion plus petite E F G. Un *arc* doit donc toujours se désigner par trois lettres.

102. On appelle *corde* ou *sous-tendante* la ligne qui joint les deux extrémités d'un arc. Fig. 31, J. K.

103. On appelle *segment* l'espace compris entre l'arc et la corde. Fig. 31, *l*.

104. Le *secteur* est l'espace compris entre deux rayons et l'arc qui les joint. Fig. 31, *m*.

105. La *tangente* est la ligne qui touche la circonférence en un point. Fig. 31, *n*, *o*.

106. La *sécante* est la ligne qui coupe la circonférence en deux points. Fig. 31, *p*, *q*.

107. Toute circonférence se divise en 360 parties égales appelées degrés.

108. La grandeur d'un degré est donc toujours la *trois cent soixantième partie* d'une circonférence.

109. Le *degré* se divise à son tour en 60 parties égales appelées *minutes*.

110. La minute en 60 parties égales appelées *secondes*.

111. La seconde en 60 parties égales appelées *tierces*.

112. Dans le *système décimal*, la circonférence se divise en 400 parties égales appelées grades ou degrés, chaque grade en 100 parties égales appelées *minutes*, chaque minute en 100 parties égales appelées *secondes*, et chaque *seconde* en 100 parties égales appelées *tierces*. Néanmoins, on a conservé généralement l'ancienne division de la circonférence en 360 degrés.

113. On appelle *quadrant* tout arc qui est le quart de la circonférence. Fig. 31, *r*, *s*, *t*.

114. Les degrés servent à désigner la grandeur des angles, par la mesure de l'arc qui les sous-tend.

Ainsi, lorsqu'on dit qu'un angle est de 20 *degrés*,

60 *degrés*, etc., on exprime que l'arc de cet angle contient 20 fois, 60 fois, etc., la 360me partie de la circonférence.

D'après la division de la circonférence en 360°, l'angle droit vaut 90 degrés.

Il a pour indicateur le quart de la circonférence.

115. L'angle aigu, moins grand que l'angle droit, a moins de 90 degrés.

116. L'angle *obtus*, plus grand que l'angle droit, a plus de 90 degrés.

Pour mesurer les angles, on se sert d'un instrument appelé *rapporteur*, qui n'est autre chose qu'une demi-circonférence dont le bord est divisé en 180°. On place le centre du rapporteur sur le sommet de l'angle qu'on veut mesurer, et le diamètre sur un des côtés; la division correspondant à l'autre côté donne la mesure, *en degrés*, de cet angle.

117. On appelle cercles *concentriques*, ceux qui ont le même point pour centre. Fig. 32.

118. La *couronne* est l'espace compris entre deux circonférences concentriques. Fig. 32.

119. On appelle cercles *excentriques*, ceux qui sont décrits de centres différents. Fig. 33.

120. Les cercles *tangents* sont ceux dont les circonférences se touchent. Fig. 34.

121. Les cercles peuvent être tangents en *dehors*, comme dans la figure 34, et en *dedans*, comme dans la figure 35.

122. Un polygone *inscrit* est celui dont les angles

sont à la circonférence du cercle : fig. 36. Le cercle, dans ce cas, est circonscrit.

123. Un polygone *circonscrit* est celui dont les côtés sont tangents à la circonférence du cercle. Fig. 37. Le cercle dans ce cas est insc

DES SOLIDES.

124. On appelle *solide* ce qui réunit les trois dimensions de l'étendue, longueur, largeur et épaisseur (8).

125. Les solides se divisent en deux classes : les *polyèdres* et les *corps ronds*.

126. On appelle *polyèdres* les solides terminés de *faces planes*. Ex. : *un dé à jouer*.

127. Et *corps ronds*, les solides terminés par des *faces courbes*. Ex. : *une boule*.

PREMIÈRE CLASSE.

POLYÈDRES.

128. On distingue deux sortes de polyèdres, les *polyèdres réguliers* et les *polyèdres irréguliers*.

129. Un *polyèdre* est *régulier* lorsque les différentes faces qui le terminent sont des polygones *réguliers, égaux entre eux*, formant des angles solides aussi égaux entre eux.

130. Un *polyèdre* est *irrégulier* quand les faces qui le terminent ne sont pas des polygones *réguliers égaux* entre eux.

131. On appelle FACE (d'un polyèdre), chacun des polygones qui le terminent, pris isolément. Fig. 45, A B C D.

132. Surface, l'ensemble des polygones qui terminent le polyèdre.

133. Arête, la ligne ormée par la rencontre des deux faces d'un polyèdre.

134. Sommet, le point commun de rencontre des faces d'un polyèdre. Fig. 46, *S*.

135. Angle solide ou *angle polyèdre*, la portion indéfinie de l'espace, comprise entre plusieurs plans qui se rencontrent en un point. Fig. 46, s.

136. On distingue cinq polyèdres réguliers : le *tétraèdre*, l'*hexaèdre*, l'*octaèdre*, le *dodécaèdre*, et l'*icosaèdre*.

137. 1° Le *tétraèdre* a quatre faces qui sont des *triangles équilatéraux*. Fig. 38.

138. 2° L'*hexaèdre* ou *cube* a six faces qui sont *des carrés*. Fig. 39.

139. 3° L'*octaèdre* a huit faces qui sont des *triangles équilatéraux*. Fig. 40.

140. 4° Le *dodécaèdre* a douze faces qui sont des pentagones réguliers. Fig. 41.

141. L'*icosaèdre* a vingt faces qui sont des *triangles équilatéraux*. Fig. 42.

142. Ces différents noms, tirés du grec, expriment le nombre des faces du polyèdre.

DU PRISME.

143. Le *prisme* est un solide dont toutes les faces latérales sont des parallélogrammes, et dont les bases sont des polygones égaux et parallèles. Fig. 43.

144. La *surface* convexe ou latérale du prisme est formée des parallélogrammes qui le terminent.

145. Les *bases* du prisme sont les deux polygones A B C D, A' B' C' D'.

146. La *hauteur* du prisme est la perpendiculaire commune à ses bases.

147. Le prisme est *droit* quand les *arêtes* tombent perpendiculairement sur les bases.

148. Le prisme est *oblique* quand les *arêtes* tombent obliquement sur les bases. Fig. 43.

Observ. Dans le prisme droit, les faces qui le terminent présentent des rectangles.

149. On appelle *prisme tronqué* celui dont les bases opposées ne sont pas parallèles.

150. Le prisme est *triangulaire* quand ses bases sont des triangles. Fig 44.

151. *Quadrangulaire*, quand ses bases sont des quadrilatères. Fig. 43.

152. *Pentagonal*, quand ses bases sont des pentagones.

153. *Hexagonal*, quand ses bases sont des hexagones.

154. *Heptagonal*, quand ses bases sont des heptagones.

155. *Octogonal*, quand ses bases sont des octogones, etc.

156. On appelle *parallélipipède* un prisme dont toutes les faces, même les bases, sont des parallélogrammes. Fig. 45.

157. Le *parallélipipède* est *droit,* si les arêtes tombent perpendiculairement sur les bases. Fig. 45.

158. Il est *oblique* si les arêtes tombent obliquement sur les bases.

159. Le *cube* est un parallélipipède dont les six faces sont des carrés. Fig. 45.

DE LA PYRAMIDE.

160. La *pyramide* est un solide ayant pour base un polygone quelconque, et dont les faces latérales, qui sont des triangles, se réunissent en un point appelé *sommet* de la pyramide. Fig. 46.

161. La *base* de la pyramide est donc le polygone où se terminent les différentes faces triangulaires. Fig. 46, A.

162. Le *sommet* est un point opposé à la base et où se réunissent les différentes faces triangulaires de la pyramide. Fig. 46, S.

163. Les *faces* latérales sont les divers triangles qui se réunissent au sommet.

164. La *surface latérale* est l'ensemble des triangles qui se terminent au sommet.

165. La *hauteur* de la pyramide est la perpendiculaire abaissée du sommet à la base. Fig. 46. *p.*

166. La pyramide est *droite* quand cette perpendiculaire ne tombe pas au centre du polygone régulier formant la base de la pyramide. Fig. 46.

167. Elle est *oblique* dans le cas contraire. Fig. 47.

168. La pyramide *tronquée* est celle dont on a séparé, par un plan, une partie contenant le sommet. Fig. 48.

La pyramide est dite tronquée *parallèlement à la base*, si la section qu'on a faite est parallèle à la base. Fig. 48.

Elle est dite tronquée obliquement, si cette section est oblique relativement à la base.

La pyramide est *régulière*, si les différents triangles qui en forment la surface latérale sont égaux entre eux. Fig. 46. Dans le cas contraire, elle est irrégulière. Fig. 47.

169. La pyramide est *triangulaire*, quand sa base est un *triangle*;

170. *Quadrangulaire*, quand sa base est un *quadrilatère*; Fig. 46.

171. *Pentagonale*, quand sa base est un *pentagone*; Fig. 47.

172. *Hexagonale*, quand sa base est un *hexagone*;

173. *Heptagonale*, quand sa base est un *heptagone*;

174. *Octogonale*, quand sa base est un *octogone*, etc.

DES CORPS RONDS.

175. Les principaux corps *ronds* sont le *cylindre*, le *cône* et la *sphère*.

176. Le *cylindre* est un solide produit par la révolution d'un rectangle autour d'un de ses côtés qui prend le nom d'axe. Fig. 49.

177. En effet, supposons le côté B B immobile; si l'on fait tourner le côté A A, ce côté décrira dans sa révolution une surface courbe. C'est ce qu'on appelle la surface convexe du cylindre.

178. Les *côtés* perpendiculaires à l'axe décrivent deux cercles qui sont les *bases* du cylindre. Fig. 49, c. c.

179. La *hauteur* du cylindre est le côté BB, Fig. 49, qu'on appelle encore *axe*.

180. Le cylindre est *droit*, quand l'axe est perpendiculaire sur les bases, comme dans la figure 49.

181. Il est *oblique*, si l'axe est oblique sur les bases. Fig. 50.

182. Dans ce cas il ne peut s'obtenir par la révolution d'un rectangle.

183. Dans le *cylindre*, toute section parallèle à la base produit un *cercle*. Fig. 49, c.

184. Toute section oblique, relativement à la base, produit un *cercle allongé* appelé *ellipse*. Fig. 51, A.

185. On appelle cylindre *tronqué* celui dont les bases ne sont pas parallèles. Fig. 51.

DU CÔNE.

186. Le *cône* est un solide produit par la révolution d'un triangle rectangle autour d'un des côtés de l'angle droit. Ce côté immobile est l'*axe* du cône (1). Fig. 52.

187. L'*hypoténuse* décrit la surface convexe ou latérale du cône.

188. Le *côté perpendiculaire* à l'axe décrit la base du cône. Fig. 52, A. L'extrémité de l'axe, opposée à la base, forme le sommet du cône. Fig. 52, A.

---

(1) On dit plus simplement : le cône est un solide dont la base est une circonférence, et le sommet un point.

189. La hauteur du cône est l'*axe* ou le côté immobile sur lequel s'est opérée la révolution du triangle rectangle.

190. Le cône est *droit* si l'axe est perpendiculaire sur la base, comme dans la figure 52.

191. Il est *oblique*, si l'axe est oblique à la base, et ne peut, dans ce cas, s'obtenir par la révolution d'un triangle rectangle.

192. On appelle cône *tronqué* le cône dont on enlève, par un plan, une partie contenant le sommet. Il est *droit*, si le plan est parallèle à la base, fig. 53, A ; il est *oblique* dans le cas contraire. Fig. 54, A.

DES SECTIONS DU CÔNE.

193. On distingue cinq sections dans le *cône* droit, savoir : le *cercle*, l'*ellipse*, le *triangle*, l'*hyperbole* et la *parabole*.

194. 1° Toute section du cône par un plan perpendiculaire à l'axe est un *cercle*. Fig. 53, A.

195. Toute section oblique par rapport à l'axe est une *ellipse*. Fig. 54, A.

196. Toute section dans le sens de l'axe est un *triangle isocèle*. Fig. 52, C.

197. Toute section parallèle au côté est une *parabole*. Fig. 54, B.

198. Toute section perpendiculaire à la base, passant par le côté incliné, est une *hyperbole*. Fig. 54, B.

DE LA SPHÈRE.

199. Là *sphère* est un solide produit par la révolution d'une demi-circonférence autour de son diamètre (1).

200. On appelle *centre* le point intérieur O, fig. 55, dont sont également éloignés tous les points de la surface sphérique;

201. *Rayon*, la droite menée du centre à un point de la surface sphérique ; Fig. 55, O, E.

202. *Diamètre*, toute droite qui, passant par le centre, se termine de part et d'autre à la surface sphérique. Fig. 55, A E.

203. OBSERVATION. Le diamètre sur lequel s'opère la révolution de la sphère en devient l'axe. Les extrémités de l'axe A E s'appellent *pôles.*

204. Tout plan qui passe par le centre d'une sphère partage cette sphère et sa surface en deux parties égales appelées hémisphères (demi-sphères).

205. On appelle *grand cercle* de la sphère celui dont le centre est au centre même de la sphère. Fig. 55, G I K L, A I E L.

206. *Petit cercle*, celui qui n'a pas son centre au centre de la sphère. Fig. 55, C D F G.

207. On appelle *fuseau* la partie de la surface sphé-

---

(1) On dit plus simplement: la sphère est un solide terminé par une surface courbe dont tous les points sont à égale distance d'un point intérieur appelé centre.

rique comprise entre deux demi-grands cercles D B E, D G E, fig. 56, terminés à un diamètre commun.

208. *Onglet sphérique*, la partie du solide de la sphère comprise entre deux demi-grands cercles D B E, D G E, qui se terminent à un diamètre commun D F E, et à laquelle le fuseau sert de base.

209. La *zône* est une partie de la surface sphérique comprise entre deux cercles parallèles qui en sont les bases. A B, fig. 56.

210. Le mot *zône* (du latin *zona*) signifie bande, ceinture.

211. La *calotte sphérique* est une zône n'ayant qu'une base. Fig. 56, C.

212. Le *segment de sphère* est la partie sphérique comprise entre deux plans parallèles qui en sont les bases. A B, fig. 56.

213. Le *secteur sphérique* est un solide ayant la forme d'un cône à base convexe, dont le sommet est au centre de la sphère, et dont la base est une calotte sphérique. Fig. 55, O R S.

214. Toute section de la sphère, dans quelque sens qu'elle soit faite, est nécessairement un cercle.

Deuxième Partie.

Évaluation de la longueur des lignes, des superficies, et de la solidité des corps.

CHAPITRE PREMIER.

ÉVALUATION DE LA LONGUEUR DES LIGNES.
SUPERFICIE DES POLYGONES.

215. Évaluer la longueur d'une ligne, c'est chercher combien de fois cette ligne en contient une autre prise pour unité.

216. Évaluer la superficie d'une figure, c'est chercher combien de fois cette superficie en contient une autre prise pour unité.

217. Pour évaluer les longueurs, on se sert du *mètre* (unité fondamentale des nouvelles mesures), qui se divise en *dix décimètres*, en *cent centimètres* et en *mille millimètres*.

Les multiples du mètre sont le *décamètre*, qui vaut dix mètres ; l'*hectomètre*, cent mètres ; le *kilomètre*, mille mètres, et le *myriamètre*, dix mille mètres.

218. Pour évaluer les superficies, on se sert du *mètre carré*.

219. Le *mètre carré* est un carré dont les quatre côtés ont chacun un mètre de longueur.

220. Il se divise en *cent décimètres* carrés, en *dix mille centimètres* carrés, en *un million de millimètres* carrés. Les multiples du mètre carré sont le *décamètre carré*, qui vaut cent mètres carrés ; l'*hectomètre carré*, dix mille mètres carrés ; le *kilomètre carré*, un million de mètres carrés, et le *myriamètre carré*, cent millions de mètres carrés.

221. Pour évaluer la superficie des terrains, on se sert de l'*are*.

222. L'*are* est un carré qui a dix mètres de côté et par conséquent cent mètres carrés de superficie. L'are n'a qu'une subdivision, le *centiare*, ou mètre carré, et qu'un multiple, l'*hectare*, qui vaut cent ares.

223. La superficie d'un carré s'obtient en multipliant un côté par lui-même, c'est-à-dire en multipliant par lui-même le nombre de mètres que contient ce côté.

1ᵉʳ ᴘʀᴏʙʟᴇᴍᴇ. — Quelle est la superficie d'un carré de 6 mètres de côté ?

ᴏᴘᴇʀᴀᴛɪᴏɴ.

6 mètres.

Multiplié par   6
____

Donne 36 mètres carrés.

La superficie du carré proposé est donc de 36 mètres carrés.

2e PROBLÈME. — Quelle est la superficie d'une cour carrée de 130 mètres de côté ?

OPÉRATION.

$$130 \text{ mètres.}$$

Multiplié par $\quad 130$

$$39$$
$$13$$

Produit $\qquad$ 16,900 mètres carrés.

La superficie de cette cour est donc de 16,900 mètres carrés.

3e PROBLÈME. — Quelle est la superficie d'un champ carré de 4,600 mètres de côté ?

OPÉRATION.

$$4600 \text{ mètres.}$$

Multiplié par $\quad 4600$

$$276$$
$$184$$

21,160,000 mètres carrés.

La superficie de ce champ est donc de 21,160,000 mètres carrés, ou 2116 hectares.

224. La *superficie d'un rectangle* s'obtient en multipliant la base par la hauteur, c'est-à-dire le nombre de mètres contenus dans la base par le nombre de mètres contenus dans la hauteur.

4ᵉ PROBLÈME. — On demande la superficie d'un rectangle ayant 4 mètres de base et 7 de hauteur.

OPÉRATION.

Base   4   mètres.

Hauteur   7   mètres.

Produit   28   mètres carrés.

La superficie du rectangle proposé est donc de 28 mètres carrés.

En effet, si le côté du mètre carré est contenu 4 fois dans la base, nous aurons 4 bandes rectangulaires en traçant des parallèles par des points de division jusqu'à la base supérieure, fig. 17 bis; et si le côté du même carré est contenu 7 fois dans la hauteur, nous diviserons chacune des 4 bandes en 7 carrés égaux, au moyen de parallèles menées par des divisions marquées sur les côtés. Or, il est clair que pour avoir le nombre total des 28 carrés du rectangle, il suffit de multiplier 4 mètres, longueur de la base, par 7, nombre de mètres de la hauteur.

5ᵉ PROBLÈME. — Quelle est la superficie d'un jardin de forme rectangulaire, dont la base a 34 mètres et la hauteur 80.

OPÉRATION.

Base   34 mètres.

Hauteur   80

Produit 2,720 mètres carrés.

La superficie de ce jardin est donc de 2,720 mètres carrés, ou 27 ares 20 centiares.

6e PROBLÈME. — Quelle est la superficie du fond d'un canal de forme rectangulaire dont la base (largeur) a 16 mètres, et la hauteur (longueur) 26,943 mètres.

OPÉRATION.

Hauteur (longueur)   26943 mètres.
Base (largeur)   16 mètres.

161658
26943

Produit   431,088 mètres carrés.

La superficie demandée est donc de 431,088 mètres carrés.

225. La *superficie d'un losange* s'obtient en multipliant la base par la hauteur.

226. En un mot, tous les parallélogrammes s'évaluent en multipliant la base par la hauteur.

227. On obtient la *superficie d'un triangle quelconque* en multipliant la base par la demi-hauteur, parce que le triangle est la moitié d'un parallélogramme de même base et de même hauteur.

7e PROBLÈME. — On demande la superficie d'un triang'e dont la base a 6 mètres et la hauteur 18.

OPÉRATION.

Demi-hauteur   9   mètres.
Base   6
                ___
Produit   54   mètres carrés.

La superficie demandée est de 54 mètres carrés.

OBSERVATION. On pourrait de même multiplier la base par la hauteur, et prendre la moitié du produit.

EXEMPLE.

8e PROBLÈME. — Quelle est la superficie d'une place triangulaire dont la base a 24 mètres et la hauteur 72 ?

OPÉRATION.

Hauteur   72   mètres.
Base   24
           ___
           288
           144
           ___
Produit   1728
           ___
Moitié du produit   864   mètres carrés.

9e PROBLÈME. — Quelle est la superficie d'un champ de forme triangulaire dont la base a 134 mètres et la hauteur 2,692 ?

4

OPÉRATION.

Demi-hauteur   1346
Base   134

       5384
       4038
       1346

Produit   180364   mètres carrés.

La superficie de ce champ est de 180,364 mètres carrés, ou 18 hectares 03 ares et 64 centiares.

228. La *superficie d'un trapèze* s'obtient en multipliant la demi-somme des bases par la hauteur.

En effet, un trapèze peut se décomposer en deux triangles, qui ont chacun pour base un des côtés parallèles, et pour hauteur la hauteur même du trapèze.

10ᵉ PROBLÈME. — Quelle est la superficie d'un trapèze dont la base inférieure a 12 mètres, la base supérieure 10 mètres, et la hauteur 6 mètres ?

OPÉRATION.

Base inférieure   12   mètres.
Base supérieure   10

Sommes des bases   22

Demi-somme   11
Hauteur   6

Produit   66   mètres carrés.

OBSERVATION. On aurait pu multiplier la somme tout entière des bases par la hauteur, et prendre la moitié du produit.

Car $22^m \times 6 = 132^m$, dont la moitié est 66^m.

11e PROBLÈME. — Quelle est la superficie d'un toit de la forme d'un trapèze, dont la base inférieure a 14 mètres, la base supérieure 8 mètres, et la hauteur 9 mètres?

OPÉRATION.

Base inférieure	14	mètres.
Base supérieure	8	
Somme des bases	22	
Demi-somme	11	
Hauteur	9	
	99	mètres carrés.

La superficie de ce toit est de 99 mètres carrés.

12e PROBLÈME. — Quelle est la superficie d'une forêt ayant la forme d'un trapèze, dont la base inférieure a 2,844 mètres, la base supérieure 1,328 mètres, et la hauteur 457 mètres?

OPÉRATION.

Base inférieure	2844	mètres.
Base supérieure	1328	
Somme des bases	4172	
Demi-somme	2086	
Hauteur	457	
	14602	
	10430	
	8344	
	953302	mètres carrés, formant

95 hectares 33 ares et 2 centiares.

229. On obtient la superficie d'un polygone régulier quelconque en multipliant le contour, ou périmètre, par le demi-apothème, c'est-à-dire par la moitié de la perpendiculaire abaissée du centre sur l'un des côtés du polygone.

En effet, un polygone régulier n'est composé que de triangles dont la base forme les côtés du polygone, et dont le sommet est juste au milieu de ce polygone. Or, la superficie d'un triangle s'obtient en multipliant la base par la demi-hauteur; donc, en multipliant le périmètre d'un polygone régulier par le demi-apothème, c'est comme si l'on multipliait toutes les bases des triangles par leur demi-hauteur.

13ᵉ PROBLÈME. — Quelle est la superficie d'un hexagone régulier dont le contour (périmètre) a 36 mètres et l'apothème 5 mètres?

OPÉRATION.

Contour	36	mètres.
Demi-apothème	2,50	
	18 0	
	72	
Produit	90,00	mètres carrés.

La superficie de cet hexagone est donc de 90 mètres carrés.

OBSERVATION. — Un polygone quelconque (fig. 17, par exemple) peut se décomposer en autant de triangles qu'il a de côtés, moins deux.

En effet, si l'on mène des diagonales, par l'un des sommets A, le pentagone se trouve partagé en autant de triangles qu'il a de côtés, moins deux, puisqu'en prenant le point A pour sommet commun de tous les triangles, chaque côté du pentagone, à l'exception des deux extrêmes A B et A E, sert de base à un triangle.

D'après cela, on pourrait employer la décomposition en triangles pour évaluer la superficie d'un polygone régulier ; mais la méthode serait plus longue.

230. Pour obtenir la *superficie d'un polygone irrégulier* quelconque, on évalue séparément la superficie des triangles composant ce polygone, et on réunit les produits.

14ᵉ PROBLÈME. — Quelle est la superficie du pentagone fig. 17 ? sachant 1° que la base du triangle A D C

4*

est de 6 mètres et la hauteur de 9 mètres ; 2° la base du triangle C A B est de 8 mètres et la hauteur de 5 mètres, et 3° la base du triangle D A E a 9 mètres et la hauteur 4 mètres ?

OPÉRATION.

1er triangle A D C. Base   6   mètres.

               Demi-hauteur 4,50

                          3 0

                       24

        Produit   27,00 mètres carrés.

Le triangle A D C a 27 mètres carrés de superficie.

2e triangle C A B. Base   8   mètres.

               Demi-hauteur 2,50

                       4 0

                       16

        Produit   20,00 mètres carrés.

Le triangle C A B a 20 mètres carrés.

3e triangle D A E. Base   9   mètres.

               Demi-hauteur 2

        Produit   18   mètres carrés.

Le triangle D A E a 18 mètres carrés.

Réunissant les produits 27 mètres carrés, 1er triangle.

                   20   2e

                   18   3e

   Produit total   65 mètres carrés.

Nous avons 65 mètres carrés pour produit total. La superficie totale de ce pentagone est donc de 65 mètres carrés.

SUPERFICIE DU CERCLE.

231. Le *cercle* n'est autre chose qu'un polygone régulier d'un nombre indéfini de côtés. L'évaluation des polygones réguliers peut donc être appliquée au cercle. Dans ce cas, le périmètre devient la circonférence, et la perpendiculaire le rayon du cercle.

On conçoit maintenant que pour avoir la surface d'un cercle, il faut multiplier sa circonférence par le demi-rayon.

15e PROBLÈME. — Quelle est la superficie d'un cercle dont la circonférence est de 44 mètres et le rayon de 7 mètres?

OPÉRATION.

Circonférence   44 mètres.
Demi-rayon   3,50
—————
22 0
132
—————
15 400

La superficie du cercle proposé est donc de 154 mètres carrés.

232. L'opération serait très-expéditive si l'on avait toujours la circonférence et le rayon du cercle; mais il n'en est pas toujours ainsi. Voici donc comment il faut

s'y prendre pour déterminer le contour du cercle :

Il s'agit de trouver une ligne droite, égale en longueur à la circonférence du cercle, pour la comparer au rayon ou au diamètre.

Pour résoudre ce problème, nous n'avons que des méthodes approchées ; mais le degré d'approximation qu'on obtient équivaut à peu près à l'exactitude.

On sait qu'un cercle qui a 7 mètres de diamètre en a 22 de circonférence, c'est-à-dire que la circonférence d'un cercle quelconque égale à 3 fois plus $\frac{1}{7}$ la longueur du diamètre.

D'après cette donnée, on trouvera la circonférence d'un cercle en mesurant son diamètre et en se servant de la proportion suivante :

7 : 22 : : le diamètre : la circonférence.

EXEMPLE.

16ᵉ ᴘʀᴏʙʟᴇᴍᴇ. — Quelle est la superficie d'un cercle dont le diamètre a 21 mètres?

OPÉRATION.

En se servant de la proportion 7 : 22, on peut faire le raisonnement suivant :

Si 7 mètres de diamètre donnent 22 mètres de circonférence, 1 mètre donnera 7 fois moins, ou $\dfrac{22^{\mathrm{m}}}{7}$, et 21 mètres de diamètre donneront 21 fois plus, ou $\dfrac{22 \times 21}{7} = 66$ mètres.

OPÉRATION.   22
              21
             ———
              22
              44
             ——— ⎰ 7
             46 2 ⎱ ———
              4 2   66ᵐ
             ———
              0 0

La circonférence du cercle à évaluer est donc de 66 mètres.

En multipliant cette circonférence par le demi-rayon ou le quart du diamètre qui est 5 mètres 25 cent., on aura :

              66ᵐ
              5,25
             ————
              330
              132
              330
             ————
              346,50

La superficie de ce cercle est donc de 346 mètres carrés, 50 décimètres carrés.

Les élèves comprendront aisément que le cercle étant un polygone régulier d'un nombre infini de côtés, il se compose d'une infinité de triangles ayant pour base la circonférence du cercle et pour sommet le centre ; or, pour avoir la superficie d'un triangle, on multiplie la base par la demi-hauteur, en multipliant la circonférence du cercle par le demi-rayon ; c'est comme si l'on multipliait les bases de tous les triangles par leur demi-hauteur.

Le rapport 7 : 22 est d'*Archimède*.

Adrien Métius a trouvé plus approximativement que la circonférence du cercle contient 355 fois la 113me partie du diamètre.

Enfin, les géomètres modernes ont trouvé que 1 mètre de diamètre donnait 3^m,141592653589...... de circonférence, rapport le plus approché qu'on puisse trouver.

Enfin, quelques auteurs se servent du rapport 100 : 314, très-commode lorsqu'on n'a pas besoin d'une grande approximation (1).

Comme le rapport de la circonférence au diamètre est d'un fréquent usage, au lieu du nombre peu commode 3,1415, etc., on se sert du rapport moins exact, mais plus simple, d'*Archimède* 7 : 22, etc., ou $\frac{22}{7}$. Ce nombre en décimales donne 3, 142, etc., et coïncide avec 3,1415, etc., jusqu'aux centièmes inclusivement. C'est pourquoi l'on peut dire, avec une approximation suffisante aux arts manuels, que la circonférence contient le diamètre trois fois plus $\frac{1}{7}$.

Quant au rapport d'*Adrien Métius*, le nombre $\frac{355}{113}$ évalué en décimales, donne 3,1415929, etc., qui coïncide avec 3,1415926, etc., jusqu'aux millionièmes.

---

(1) Ludolphe de Ceulen a poussé ce rapport jusqu'à 33 décimales.
EXEMPLE : 100,000,000,000,000,000,000,000,000,000,000
314,159,265,358,979,323,846,264,338,327,950

Les élèves pourront donc retenir les rapports sui-
vants :

7	: 22	::	le diamètre : la circ.	(Archimède).
113	: 355	::	idem.	: idem.	(A. Métius).
1	: 3,1415	::	idem.	: idem.	(Géom. mod.).
100	: 314	::	idem.	: idem.	(qq. auteurs).

EXEMPLE.

17e problème. — Quelle est la superficie d'un cercle
dont le diamètre est de 28 mètres?

OPÉRATION.

En se servant de la proportion 7 : 22, on peut raisonner comme il suit :

Si 7 mètres de diamètre donnent 22 de circonférence,
1 mètre donnera 7 fois moins, ou $\frac{22}{7}$, et 28 mètres de
diamètre donneront 28 fois plus, ou $\frac{22 \times 28}{7} = 88$.

$$
\begin{array}{r}
\text{OPÉRATION.} \quad 22 \\
28 \\
\hline
176 \\
44 \\
\hline
616 \\
56 \\
00 \\
\end{array}
\qquad
\left\{
\begin{array}{c}
7 \\
\hline
88
\end{array}
\right.
$$

La circonférence du cercle à évaluer est donc de
88 mètres.

En mutipliant cette circonférence par le demi-rayon

ou le quart du diamètre, qui est ici de 7 mètres, nous aurons pour la superficie demandée 596 mètres carrés.

233. Si, dans un problème, on n'avait que la circonférence, il faudrait, pour trouver le diamètre, se servir des rapports ainsi posés :

$$22 \text{ de circ. } : 7 \text{ de diam. } :: \text{ la cir. } : \text{ diam.}$$
$$355 \quad \text{id. } : 113 \quad \text{id. } :: \quad \text{id. } : \text{ id.}$$
$$3,1415 \quad \text{id. } : 1 \quad \text{id. } :: \quad \text{id. } : \text{ id.}$$
$$314 \quad \text{id. } : 100 \quad \text{id. } :: \quad \text{id. } : \text{ id.}$$

18e PROBLÈME. — Trouver la superficie d'un bassin circulaire dont la circonférence est de 176 mètres.

OPÉRATION.

En se servant de la proportion $22 : 7$ on peut raisonner comme il suit :

22 mètres de circonférence donnent 7 mètres de diamètre, un seul mètre donnera 22 fois moins ou $\frac{22}{7}$, et 176 mètres donneront 176 fois plus ou $\frac{7 \times 176}{22} = 56$.

$$
\begin{array}{r|l}
\text{OPÉRATION.} \quad 176 & \\
7 & \\
\hline
1232 & 22 \\
132 & 56 \\
000 &
\end{array}
$$

Le diamètre du cercle à évaluer est donc de 56 mètres.

En multipliant 176 mètres, circonférence du bassin, par 14, quart du diamètre, nous aurons 2,464 mètres carrés pour la superficie demandée.

234. Pour obtenir la superficie d'une couronne, on

évalue d'abord la superficie du grand cercle, ensuite celle du petit. Il est évident que la différence de ces deux superficies est la superficie de la couronne.

235. 19ᵉ PROBLÈME. — Quelle est la superficie d'une couronne dont le diamètre du grand cercle est de 16 mètres et celui du petit de 12 mètres?

OPÉRATION.

1° Superficie du grand cercle. 7 mètres de diamètre donnent 22 mètres de circonférence, un seul mètre donnera 7 fois moins ou $\frac{22}{7}$, et 16 mètres donneront 16 fois plus ou $\frac{22\times16}{7} = 50, 28$.

OPÉRATION.　　22

16
——————
132

22
——————
352　｜　7
——————
20　　50, 28

60

4

La circonférence du grand cercle est donc de 50 m. 28 cent.

En multipliant cette circonférence par le demi-rayon qui est 4 mètres nous aurons 201 mètres c. 12 déc. c. pour la superficie du grand cercle.

2° Superficie du petit cercle.

Le diamètre étant de 12 mètres, la circonférence est de 37 mètres 71 qui, multipliés par 3 (quart du diamètre),

5

donnent 113 mètres c. 13 décim. carrés pour la superficie du petit cercle.

Retranchant de 201 m. c. 12 (sup. du gr. cer.)

         113   id.   13 (sup. du petit),

nous aurons   87 id.   99 déc. c.

La superficie de la couronne est donc de 87 m. c. 99 déc. c.

CHAPITRE II.

ÉVALUATION DE LA SUPERFICIE DES SOLIDES.

236. *La superficie latérale d'un prisme droit ou d'un cylindre droit s'obtient en multipliant le contour de la base par la hauteur.* En effet, la superficie latérale de ces solides n'offre en réalité que des rectangles. Il est facile de s'en convaincre en supposant déployée la surface d'un prisme droit ou d'un cylindre droit : or, la superficie d'un rectangle s'obtenant en multipliant la base par la hauteur, il est évident qu'on peut obtenir celle d'un prisme droit ou d'un cylindre droit en se servant du même procédé.

20ᵉ PROBLÈME. — Trouver la superficie latérale d'un prisme droit dont le contour de la base a 12 mètres et la hauteur 22.

OPÉRATION.

Contour de la base 12 mètres $\times$ 22 (haut. du prisme), donnent 264 mètres carrés.

20 *bis*. Trouver la superficie d'un cylindre droit dont la base a 14 mètres de diamètre et la hauteur 42 mètres.

OPÉRATION.

Il faut d'abord chercher la circonférence du cercle de la base.

Puisque 7 mètres de diamètre donnent 22 de circonférence, 14 mètres donneront le double ou 44 mètres. Multipliant cette circonférence par 14, nombre de mètres contenus dans la hauteur du cylindre, nous aurons 44 mètres $\times$ 14 $=$ 616 mètres carrés pour la superficie demandée.

237. *La superficie latérale d'un prisme oblique s'obtient* en multipliant une arête par le contour d'une section perpendiculaire à cette arête (voir notre complément des leçons primaires).

238. *La superficie latérale d'un cylindre oblique s'évalue* en multipliant le côté de ce cylindre par le contour d'une section perpendiculaire au côté (voir le complément).

239. *La superficie d'une pyramide régulière s'obtient* en multipliant le contour de la base par la demi-hauteur de l'un des triangles.

240. 21e PROBLÈME. — Quelle est la superficie d'une pyramide quadrangulaire dont un côté du carré de la base a 8 mètres et dont la hauteur de l'un des triangles est de 12 mètres ?

OPÉRATION.

Le côté du carré de la base a 8 mètres, les 4 côtés ont donc 32 mètres, qui, multipliés pas 6 mètres, demi-hauteur de l'un des triangles, donnent 192 m. c. pour la surface latérale de la pyramide.

241. *La superficie d'une pyramide irrégulière s'obtient en évaluant séparément la superficie de chaque triangle et réunissant ensuite les produits. Ex. :*

22ᵉ PROBLÈME.—Quelle est la superficie latérale d'une pyramide irrégulière de forme triangulaire dont la base du 1ᵉʳ triangle a 4 mètres et la hauteur 8, la base du 2ᵉ triangle 5 mètres et la hauteur 9, et la base du 3ᵉ triangle 6 mètres et la hauteur 7.

OPÉRATION.

1ᵉʳ trian. 4 m. (base) $\times$ 4 (1/2 haut.) $=$ 16 m. c.
2ᵉ   id. 5 m.   id. $\times$ 4,50 id. $=$ 22 m. c. 50 d. c.
3ᵉ   id. 6 m.   id. $\times$ 3,50 id. $=$ 21 m. c.
____
Somme des produits   59 m. c. 50 d. c.

La superficie latérale de la pyramide triangulaire est de 59 m. c. 50 déc. c.

242. *La superficie latérale d'un cône droit s'obtient* en multipliant le contour de la base par la demi-longueur du côté, puisque le cône peut être considéré comme une pyramide d'une infinité de côtés.

23ᵉ PROBLÈME.—Quelle est la superficie latérale d'un énorme pain de sucre dont le contour de la base a 1 mètre 25 et la longueur du côté 1 m. 95 ?

OPÉRATION.

Contour de la base   1ᵐ 25
Demi-long. du côté   0,975
____

       625
       875
    1 125
____

    1,21875

La superficie latérale de ce pain de sucre est de 1 m. c. 21 d. c. 87 c. c. 50 mill. c.

Si l'on avait demandé la superficie totale de ce pain de sucre, il aurait fallu ajouter à 1 m. c. 21875 la superficie du cercle de la base.

243. *La superficie latérale d'un cône oblique* s'obtient en divisant la surface en triangles, évaluant séparément ces triangles, et réunissant ensuite leurs produits.

244. La superficie totale d'une sphère s'obtient en multipliant la circonférence d'un de ses grands cercles par son diamètre (en plaçant une petite sphère entre deux plans parallèles, il est facile d'en obtenir le diamètre).

Connaissant le diamètre d'une sphère, on trouve la circonférence du cercle par une des proportions 7 : 22 :: le diamètre : la circonférence, ou 113 : 355, etc. Multipliant ensuite cette circonférence par le diamètre, l'on obtient la superficie totale de la sphère.

24ᵉ PROBLÈME. — Quelle est la superficie totale d'une

sphère dont la circonférence d'un grand cercle a 22 mètres et le diamètre 7 mètres.

OPÉRATION.

22 (cir. du gr. cer.) $\times$ 7 (diam.) $=$ 154 mètres carrés.

La superficie totale de la sphère est donc de 154 mètres
carrés.

CHAPITRE III.

SOLIDITÉ DES CORPS.

245. Pour évaluer la solidité des corps on se sert du
mètre cube comme unité.

246. Le *mètre cube* est un cube dont les six faces
carrées ont un mètre de côté.

247. Il se divise en   1,000 décimètres cubés.

         En   1,000,000 de cent. cubes.

     Et en 1,000,000,000 de millim. cubes.

248. *La solidité d'un prisme quelconque* (droit ou
oblique) s'obtient en multipliant la superficie de la base
par la hauteur.

25e PROBLÈME. — Quelle est la solidité d'un prisme
dont la base a 4 mètres carrés et la hauteur 8 ?

OPÉRATION.

4 m. c. (superficie de la base) $\times$ 8 (nombre de mètres
de la hauteur), $=$ 32 mètres cubes.

249. Pour obtenir la *solidité d'nn parallélipipède*

quelconque (droit ou oblique), on multiplie la superficie de la base par la hauteur.

26ᵉ ᴘʀᴏʙʟᴇᴍᴇ. — Quelle est la solidité d'un parallélipipède dont la superficie de la base a 8 mètres carrés et la longueur (hauteur) 24 mètres?

ᴏᴘᴇʀᴀᴛɪᴏɴ.

Base 8 m. c. $\times$ 24 $=$ 192 mètres cubes.

250. *La solidité d'un cylindre quelconque* (droit ou oblique) s'obtient en multipliant la superficie de la base par la hauteur.

En effet, le cylindre peut être considéré comme un prisme d'un nombre infini de faces latérales ; sa solidité est donc identique à celle du prisme de même base et de même hauteur.

27ᵉ ᴘʀᴏʙʟᴇᴍᴇ. — Quelle est la solidité d'un cylindre oblique dont le diamètre de la base a 1^m, 26 et la hauteur 3^m, 75.

ᴏᴘᴇʀᴀᴛɪᴏɴ.

7 mètres de diamètre donnent 22 de circonférence ; 1^m 26 de diamètre donne 3^m 96. Multipliant cette circonférence 3^m 96 par 0,3125 (quart du diamètre), nous avons pour produit 1 mètre carré, 23 décim. c. 75 cent. c., qui, multipliés par 3,75, hauteur du cylindre, donnent pour produit 4 mètres cubes, 640 déc. cubes, 625 millim. cubes, solidité demandée.

251. *La solidité d'une pyramide quelconque* (droite

ou oblique) s'obtient en multipliant la superficie de la base par le tiers de la hauteur.

En effet, une pyramide triangulaire, par exemple, est le tiers d'un prisme de même base et de même hauteur; or, le prisme triangulaire, et par suite un prisme quelconque, s'évalue en multipliant la surface de sa base par sa hauteur; donc, une pyramide étant le tiers, etc.

28e PROBLÈME. — Quelle est la solidité de la grande pyramide d'Égypte, sachant que la hauteur est de 186 mètres et la superficie de la base 54,290 mètres carrés?

OPÉRATION.

(Sup. de la base)	54290	mètres.
1/3 de la haut.)	62	
	108580	
	32574	
Produit	3365980	mètres cubes.

La solidité de la pyramide demandée est de 3,365,980 mètres cubes.

Si la base de la pyramide est polygonale, on en évalue la superficie comme il a été dit à l'article polygone (229).

252. La solidité d'un cône s'obtient en multipliant la superficie de la base par le tiers de la hauteur. En effet, tout cône peut être considéré comme une pyramide d'une infinité de faces, et la circonférence comme un polygone régulier d'une infinité de côtés; la solidité d'un

cône doit donc être identique à la solidité d'une pyramide.

D'après cela on demande la solidité d'un cône dont la superficie de la base a 20 mètres carrés et la hauteur 12 mètres.

SOLUTION.

Sup. de la base   20 mètres.
Tiers de la haut.   4

    80 mètres cubes.

La solidité du cône proposé est donc de 80 mètres cubes.

253. *La solidité d'une sphère* s'obtient en multipliant sa superficie par le tiers du rayon.

En effet, la sphère peut être considérée comme la réunion d'une infinité de pyramides dont le sommet est au centre de la sphère ; la hauteur de ces pyramides est égale alors au rayon de la sphère : or, toute pyramide ayant pour solidité le produit de sa base par le tiers de sa hauteur, la sphère, qui n'est autre chose que la somme de toutes ces pyramides, a donc pour solidité le produit de sa superficie par le tiers de son rayon.

29ᵉ PROBLÈME. — Quelle est la solidité d'une sphère dont la superficie est de 1,386 mètres carrés et le diamètre de 21 mètres ?

OPÉRATION.

Superficie   1386   mètres carrés.
1/6 du diam.   3,50

$$69300$$
$$4158$$
$$4851,00$$

La solidité de cette sphère est de 4,851 mètres cubes.

30e PROBLÈME. — Quelle est la solidité d'une sphère dont le diamètre est de 14 mètres?

OPÉRATION.

7 mètres de diamètre donnent 22 mètres de circonférence, 14 mètres de diamètre donnent 44 de circonférence. Ayant la circonférence d'un grand cercle de la sphère, il faut, pour en avoir la superficie, multiplier cette circonférence par le diamètre, ou $44 \times 14 = 616$ mètres carrés. Multipliant cette superficie totale de la sphère par le tiers de son rayon 2 mètres 33, nous aurons 1,415 mètres cubes 280 décimètres cubes pour la solidité demandée.

DESSIN LINÉAIRE.

CHAPITRE PREMIER.

254. Le Dessin linéaire est l'art de représenter par de simples traits le contour des objets et de leurs parties.

255. L'utilité du Dessin linéaire est incontestable. En effet, le chef d'atelier, pour se faire comprendre des ouvriers, est obligé d'avoir recours à des ébauches plus ou moins exactes, et les ouvriers, pour saisir l'idée de leur maître, doivent lire d'après ce tracé quel sera le travail qu'ils auront à exécuter.

256. Le dessin linéaire trouve son application partout. Car, non seulement il est utile à tous les corps d'état, mais encore l'homme le plus élevé dans la position sociale peut éprouver la nécessité de transmettre clairement sa pensée, par un dessin rapide, à l'ouvrier qu'il emploie.

257. Il y a deux espèces de Dessin linéaire : le *dessin linéaire à main levée* ou sans instrument, et le *dessin linéaire graphique* ou avec instrument.

258. Une question souvent agitée est celle-ci : *Le dessin à main levée doit-il précéder le dessin graphique?* Cette question, soumise à l'Académie de l'enseignement

primaire (séance du 16 septembre 1846), a été résolue ainsi : « Le dessin sans instrument paraît d'abord plus difficile ; mais l'expérience ne tarde pas à prouver le contraire. Commencer par le dessin *graphique*, c'est empêcher l'élève d'observer, et c'est lui interdire l'adresse des doigts, si précieuse même pour le dessin graphique. » Du reste, on peut concilier les deux méthodes ; faire tracer d'abord à main levée, et corriger ensuite à l'aide des instruments.

Quel que soit le dessin dont on fasse d'abord usage, il ne doit s'appliquer qu'aux figures qui se réduisent, en dernière analyse, à deux éléments, *la ligne droite et la ligne courbe*, soit isolées, soit combinées.

Voici les seuls instruments qui doivent servir à l'étude du dessin linéaire :

1° Un mètre avec ses divisions.

2° Un demi-mètre id.

3° Une grande équerre.

4° Une petite équerre.

5° Un grand compas en bois pour la vérification des courbes.

6° Un petit compas pour le même usage.

7° Un rapporteur pour mesurer les angles.

8° Un fil à plomb.

APPLICATION DE LA LIGNE DROITE.

259. On a vu (24) que la *verticale* est une droite dirigée dans le sens du fil à plomb.

260. Et l'*horizontale* (26) une droite dans le sens de l'horizon, ou du niveau de l'eau tranquille.

Nous allons voir maintenant le tracé et la vérification de ces lignes.

261. Pour tracer la verticale, il suffit d'appliquer verticalement une règle sur un tableau noir, et de faire passer un trait avec le blanc, de la longueur de la ligne désirée.

262. On vérifie la verticale avec le fil à plomb qui doit la cacher dans toute sa longueur, si elle a été bien tracée.

263. Pour tracer l'horizontale, il suffit d'appliquer horizontalement une règle sur un tableau noir, et de faire passer un trait avec le blanc de la longueur de la ligne désirée.

264. On vérifie l'horizontale avec une règle sur laquelle on place le niveau à perpendicule, semblable à celui dont se servent les maçons. Elle est bien tracée, si le fil à plomb du niveau recouvre parfaitement la ligne creusée au centre de l'instrument, et nommée *ligne de foi*. Le tracé de l'horizontale et celui de la verticale appartiennent aux éléments géométriques du dessin linéaire relatifs à la ligne droite.

265. Les applications de la ligne droite sont si nombreuses qu'on ne peut les mentionner ici. En effet, les feuilles de parquet, les carrelages des chambres, les cheminées, etc., etc., offrent des modèles uniquement composés de lignes droites qui se coupent en divers sens. Ces modèles ont l'avantage d'initier les élèves à des connaissances pratiques on ne peut plus utiles.

APPLICATION DE LA LIGNE COURBE.

266. Par un exercice soutenu, on parvient à tracer un cercle à main levée, et à en marquer le centre avec une exactitude presque égale à celle qu'on obtient à l'aide du compas.

267. On vérifie le cercle avec le compas.

DE L'ELLIPSE.

268. On a vu (195) que l'ellipse est une courbe résultant de la section faite obliquement, par rapport à l'axe, dans un cône droit.

269. On appelle grand axe de l'ellipse la ligne A B, et petit axe la ligne E D.

270. Plus le petit axe diminue par rapport au grand, plus l'ellipse s'allonge en s'aplatissant ; plus il augmente, plus la courbe se rapproche du cercle. Il y a donc une infinité d'ellipses, selon l'inégalité plus ou moins grande des deux axes.

271. Les applications de la ligne courbe sont des plus nombreuses. C'est à la combinaison de cette ligne avec la ligne droite que sont dus la plupart des dessins employés dans les arts (cylindres, leviers, poulies, etc.).

DES MOULURES.

272. Les moulures sont des parties saillantes qui servent d'ornement à l'Architecture.

273. Il y a deux sortes de moulures, les droites et les circulaires.

274. Les principales moulures droites sont le *filet* fig. 57, le *larmier* fig. 58, et la *plate bande* fig. 59.

Le *filet* (appelé aussi réglet) est une moulure carrée, étroite, dont la saillie A C égale la hauteur. Fig. 57.

Le *larmier* est une moulure large et saillante, creusée souvent en dessous, et placée dans les corniches, pour préserver l'édifice des eaux du ciel. Fig. 58.

La *plate bande* est une moulure large et peu saillante. Fig. 59.

275. Les principales moulures circulaires sont le *quart de rond* fig. 60, la *baguette* fig. 61, le *tore* fig. 62, la *gorge* fig. 63, le *talon* fig. 64, et la *doucine* fig. 65.

Le *quart de rond* est une moulure formée d'un quart de cercle. Fig. 60.

La *baguette*, moulure étroite, est formée par un demi-cercle. Fig. 61.

Le *tore* n'est qu'une *baguette* plus large qui se place à la base des colonnes. Fig. 62.

La *gorge*, moulure creuse, est composée d'un demi-cercle. Fig. 63.

Le *talon*, qui est droit ou renversé, est composé d'une courbe. Fig. 64.

Enfin la *doucine* est composée des mêmes parties que le talon, mais disposée en sens contraire.

276. Les moulures s'appliquent non seulement à l'Architecture, mais encore elles servent à orner les meubles, les vases, etc. (Pour le tracé des moulures voir le chapitre suivant).

CHAPITRE II.

277. Nous avons vu (218) quels sont les instruments employés pour le dessin linéaire graphique, nous allons maintenant nous occuper du tracé de quelques figures.

278. L'*ovale* est une figure curviligne, oblongue, ainsi nommée de sa ressemblance avec l'œuf.

279. Plusieurs personnes donnent indifféremment le nom d'ovale et d'ellipse à la même figure, il y a cependant une différence. L'ovale est une figure irrégulière, plus étroite par un bout que par l'autre, tandis que l'ellipse est une figure régulière.

280. Il y a deux manières de tracer l'ellipse. La première manière, quoique imparfaite, est la suivante : Fig. 67.

1° On tire une droite A B de la longueur de l'ellipse que l'on veut avoir ; on partage cette ligne en trois parties égales A K, H K, H B ; sur la partie H K on fait les triangles équilatéraux H E K, H D K ; ensuite des points H et K comme centres, on décrit les arcs L A C, I B G jusqu'aux côtés des triangles prolongés, enfin des points E et D, et d'un rayon égal à E L, on décrit les arcs L G et C I.

Observation. Si le petit axe seul était donné, on le prolongerait d'un quart, et l'on aurait le grand axe sur lequel on opérerait comme il vient d'être dit.

Voici la seconde manière de tracer l'ellipse. Fig. 68.

2° De l'extrémité D du petit axe, prise pour centre, et avec le demi-grand axe A C pour rayon, on trace F G qui coupera le grand axe en F G, points appelés foyers de l'ellipse. Prenant ensuite un fil, dont la longueur soit A B, on en fixe les deux bouts, l'un en F, l'autre en G. En tendant ce fil avec une pointe, pour lui faire prendre la figure d'une ligne brisée G M F, le point M sera sur l'ellipse; faisant ensuite glisser cette pointe le long du fil toujours tendu, la courbe obtenue par ce tracé sera l'ellipse.

TRACÉ DES PRINCIPALES MOULURES.

281. Pour tracer une spirale on tire les quatre lignes A B, C D, E F, G H. Fig. 67 bis. A sera le centre de l'arc cd, G de l'arc de, E de l'arc ef, et C de l'arc fg; si l'on fait une seconde révolution, A sera encore le centre de l'arc gh, et ainsi de suite.

TRACÉ DES PRINCIPALES MOULURES.

282. Le *filet*. Il suffit d'en voir la figure pour savoir le tracer. Fig. 57.

283. Le *larmier*, fig. 58, même observation.

284. La *plate bande*, fig. 59, idem.

285. Le *quart de rond*. Pour le tracer, on prend la hauteur A D, fig. 60, de la saillie de la moulure, et du point A on décrit C D.

286. *Baguette*. Il suffit de décrire une demi-circonférence dont le centre soit au milieu de la perpendicu-

laire **A B**, qui représente la hauteur de la moulure. Fig. 66.

287. *Tore*. Il suffit de décrire une demi-circonférence dont le centre A soit au milieu de la perpendiculaire C D, représentant la hauteur de la moulure. Fig. 62.

288. *Gorge*. Il faut décrire une demi-circonférence ayant pour centre le milieu A de la perpendiculaire C B, et pour rayon la moitié C A de la hauteur de la moulure. Fig. 63.

289. *Talon*. Après avoir tiré la ligne A B, on partage la hauteur de la moulure par la perpendiculaire C D, et l'on prolonge la ligne B ; le point D sera le centre du quart de rond, et le point C celui du *cavet* (espèce de quart de rond) qui forme le talon. Fig. 64.

290. *Doucine*. La construction de la doucine est assez compliquée. Après avoir joint le point A au point B, on mène C D par le milieu de cette droite parallèle aux filets A et B, et les intersections C et D qu'elle fait avec les perpendiculaires B C, A D, menées aux extrémités des filets, sont les centres des courbes qui forment la moulure. Fig. 65.

Dans notre Complément aux leçons primaires on trouvera, outre les développements sur toutes les parties de ce volume, la construction de toutes les figures géométriques avec les problèmes y relatifs complètement résolus.

TABLE DES MATIÈRES.

TABLE DES MATIÈRES.

DESSIN LINÉAIRE.

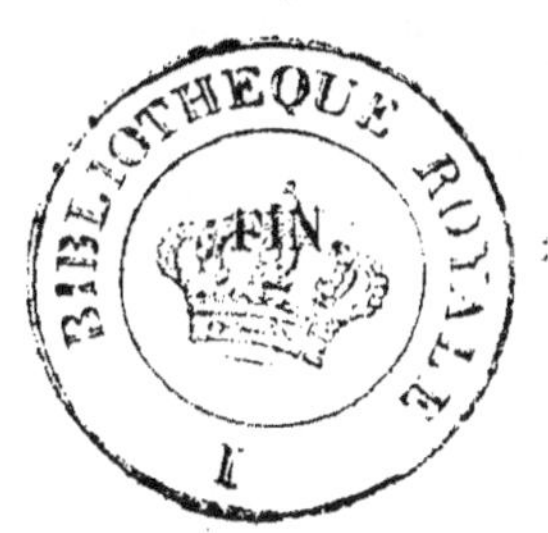

EXTRAIT

DU CATALOGUE DE LA LIBRAIRIE CLASSIQUE

DE

A. MAUGARS,

Rue Sainte-Croix-de-la-Bretonnerie, nº 32, à Paris.

Alphabet chrétien ou Règlement pour les enfants, *avec images.*
— ingénieux, divisé par syllabes.
— Peigné. Ouvrage adopté par le Conseil royal de l'Instruction publique.
— du premier âge, *broché.*
— le Moraliste de l'adolescence, *avec figures,* broché, 1 fr.
Ancien Testament, suivi de la Vie de N.-S. Jésus-Christ.
Arithmétique décimale (Abrégé d')
Aventures de Télémaque.
Bible de Royaumont.
Cantiques de Saint-Sulpice, *avec images.*
Catéchisme petit, moyen, gros, du diocèse de Paris, *avec images.*
— historique par Fleury, *avec images.*
— du diocèse de Versailles, *avec images.*
Civilité élémentaire, augmentée du Code de la bienséance.
Code de la bienséance.
Devoirs du Chrétien.
De Viris illustribus Romæ.
Doctrine chrétienne.
Epitome Historiæ sacræ.
Epîtres et Evangiles, *avec images.*
Fables de Florian.
Fables de La Fontaine, *avec images.*
Géographie da l'abbé Gaultier.
  Abrégé de la même.
Géographie de Gobineau, avec carte du département de la Seine.
— abrégée et méthodique, par Meissas et Michelot.
Grammaire de Noël et Chapsal.
  Abrégé de la même.

Grammaire française (Abrégé de Lhomond).
Grammaire latine du même.
Histoire de France de Mme de Saint-Ouen.
—   — de Ragon.
Histoire-Sainte, augmentée des principaux faits de l'Histoire Sainte,
        en vers, *avec images*.
—   de Ansart.
Lectures manuscrites à l'usage des écoles primaires.
Morale en action.
Nouveau Testament de Sacy.
Paroissien du premier âge, in-32 de 320 pages, cartonnage gaufré or.
Psautier de David.
Tenue des Livres de Heurtey, *piqué*.
Traité de Métrage, par Jolly.
Mélanges de morale et de littérature.
Alphabet des Animaux.
Traité des Poids et Mesures, par Chardon, *broché*.

NOUVEAUX LIVRES DE LECTURE OU DE RÉCOMPENSE.]

Une grande partie de ces Ouvrages est due à la plume de mademoiselle
CLARA FILLEUL DE PÉTIGNY.

Le Moraliste de l'Adolescence, ou premier Livre de Lecture, Alpha-
    bet moral, Extraits des chefs-d'œuvre de nos meilleurs auteurs,
    avec différents genres et diverses grosseurs de lettres.
Une feuille in-18, ornée de huit vignettes. — Cartonné, la dou-
    zaine. . . . . 1 fr. 25 c.
Récréation au Jardin des Plantes, et promenade dans Paris.
    Ce petit Ouvrage, instructif et récréatif, est composé de trois feuilles in-18, ornées
de vingt-cinq vignettes et de la carte du département de la Seine. — Cartonné, la dou-
zaine. . . . . 3 fr. 50 c.
Clarisse, ou le modèle à suivre, précédée de Marguerite et de
    l'Enfant charitable, composé de trois feuilles in-18 et orné de
    vingt-deux vignettes. — Cartonné, la douzaine. . . 3 fr. 50 c.
Alfred, ou le Modèle des Écoliers. Suite de bons exemples qu'il est
    utile de faire connaître aux enfants ; suivi d'autres histoires mo-
    rales ; composé de quatre feuilles et orné de trente vignettes. —
    Cartonné, la douzaine. . . . . 4 fr. 25 c.
    Cet Ouvrage sert de second livre de lecture.
Civilité élémentaire, suivie du Code de la bienséance.
    L'auteur de cet Ouvrage a su amuser l'enfance en l'instruisant de ses devoirs.
    Cet ouvrage, entièrement neuf, est composé de deux parties, for-
mant deux feuilles in-18, ornées de vignettes. — Cartonné, la dou-
zaine. . . . . 2 fr. 75 c.
    Chaque partie séparément, cartonnée, la douzaine. 1 fr. 50 c.

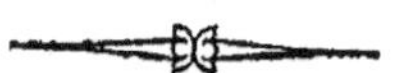

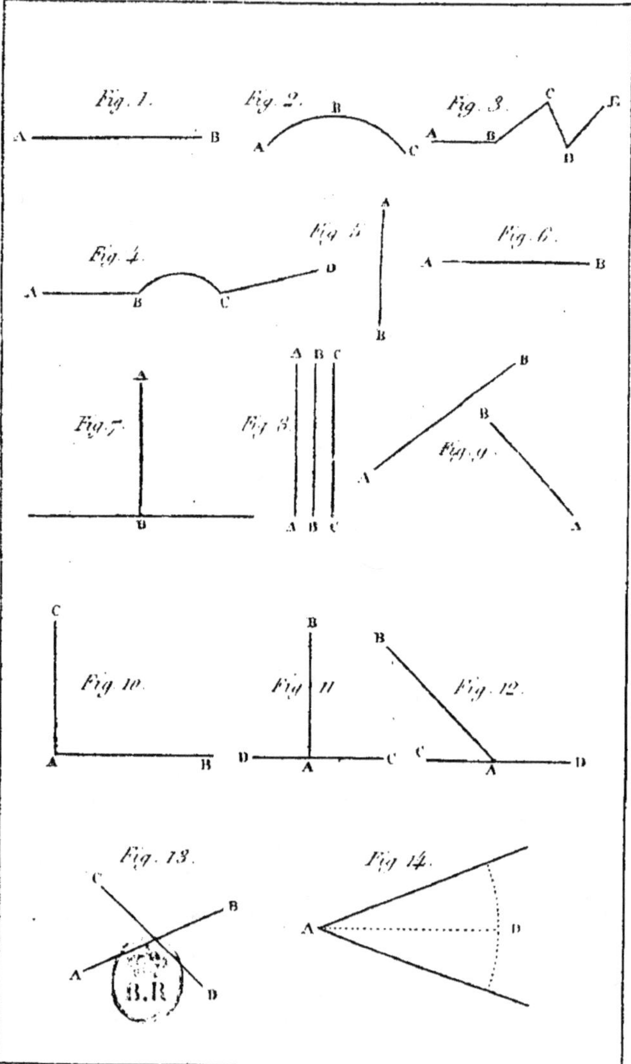
Fig. 1.
A B
Fig. 2.
B
A C
Fig. 3.
C E
A B D
Fig. 4.
A B C
Fig. 5.
A
D
B
Fig. 6.
A B
Fig. 7.
A
B
Fig. 8.
A B C
A B C
Fig. 9.
B
B
A
A
Fig. 10.
C
A B
Fig. 11.
B
D A C
Fig. 12.
B
C A D
Fig. 13.
C
B
A
D
B.R
Fig. 14.
A D

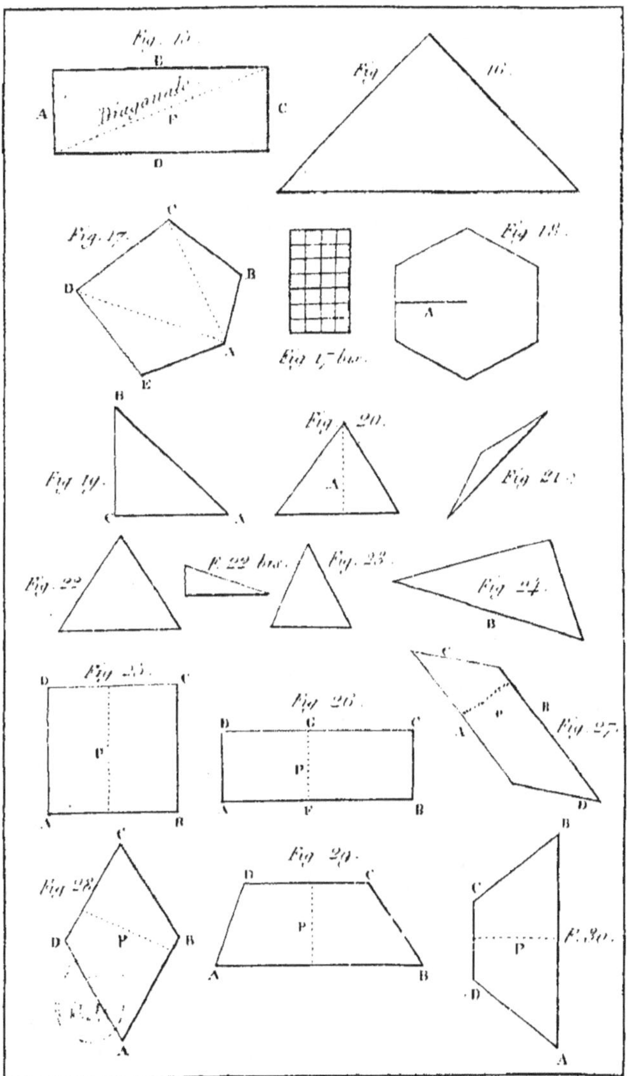
Fig. 15.
B
Diagonale
A
P
C
D
Fig. 16.
Fig. 17.
C
B
D
A
E
Fig. 17 bis.
Fig. 18.
A
Fig. 19.
B
C
A
Fig. 20.
A
Fig. 21.
Fig. 22.
F. 22 bis.
Fig. 23.
Fig. 24.
B
Fig. 25.
D
C
P
A
B
Fig. 26.
D
G
C
P
A
F
B
Fig. 27.
C
A
P
B
D
Fig. 28.
C
D
P
B
A
Fig. 29.
D
C
P
A
B
B
C
P
F. 30.
D
A

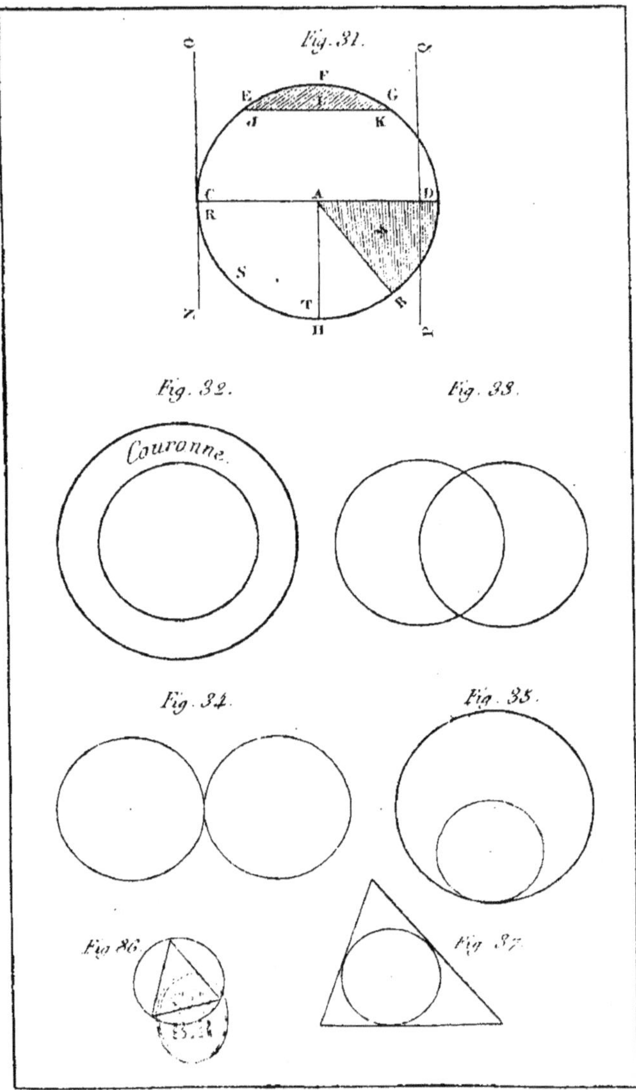
Fig. 31.
F
E
X
G
J
K
C
A
D
R
S
T
B
Z
H
P
Fig. 32.
Couronne.
Fig. 33.
Fig. 34.
Fig. 35.
Fig. 36.
Fig. 37.

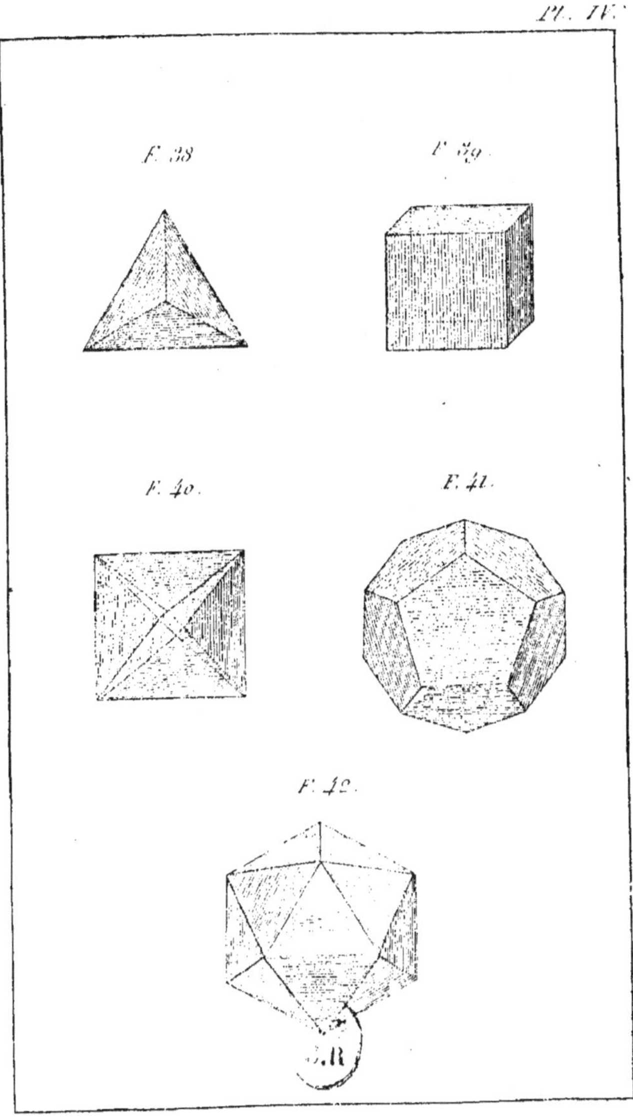

F. 38.

F. 39.

F. 40.

F. 41.

F. 42.

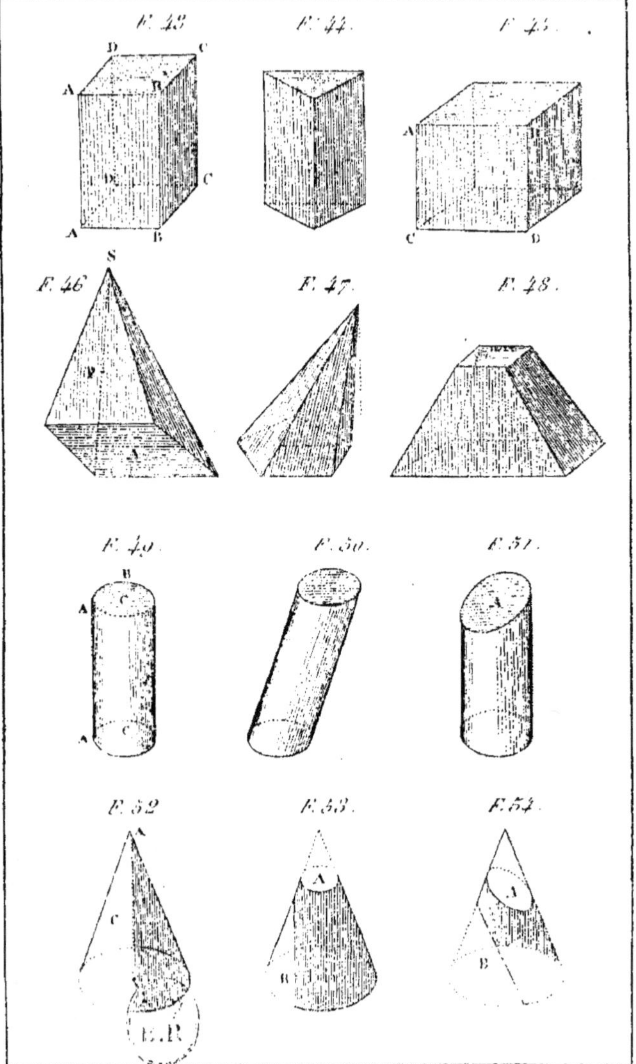
F. 43.
F. 44.
F. 45.
F. 46.
F. 47.
F. 48.
F. 49.
F. 50.
F. 51.
F. 52.
F. 53.
F. 54.

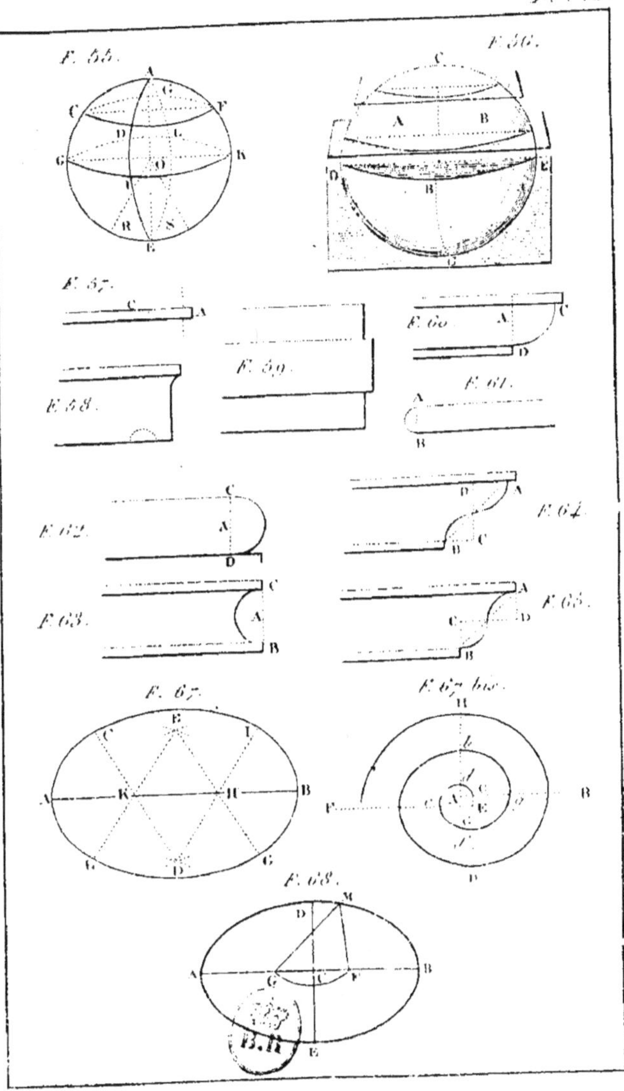
F. 55.
F. 56.
F. 57.
F. 59.
F. 58.
F. 60.
F. 61.
F. 62.
F. 64.
F. 63.
F. 65.
F. 67.
F. 67 bis.
F. 68.

Paris. — Imprimerie de E.-B. DELANCHY, faub. Montmartre, 11.